LES BONAPARTISTES

DEMASQUÉS

Assez d'Empire !

II

LES

BONAPARTISTES DÉMASQUÉS

MENSONGES BONAPARTISTES. — LE COMITÉ
DE L'APPEL AU PEUPLE. — M. ROUHER. — A BAS LES
RICHES ! CHANT BONAPARTISTE. —
LES OUVRIERS JUGÉS PAR LES BONAPARTISTES. —
LES BONAPARTISTES ET LA COMMUNE, ETC.

---

15 centimes

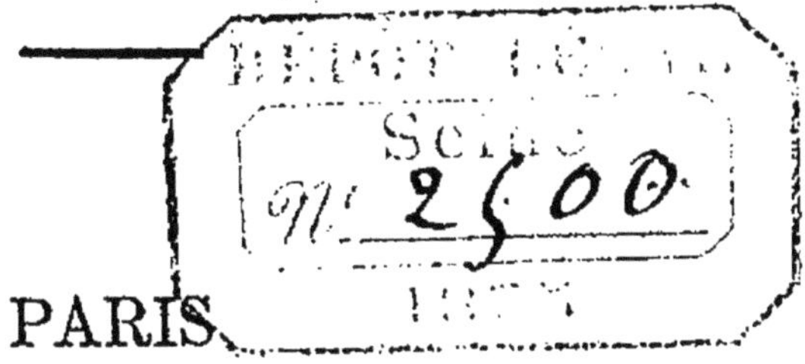

PARIS

LE CHEVALIER, ÉDITEUR

61, RUE DE RICHELIEU, 61

1875

DU MÊME AUTEUR

ASSEZ D'EMPIRE!

I

Catéchisme de l'Appel au Peuple.

15 *centimes.*

Assez d'Empire

II

LES
BONAPARTISTES DEMASQUÉS

Pas de rancune! disait dernièrement le nouveau président du Conseil des ministres; et il songeait aux Bonapartistes! Pas de rancune! Mais s'agit-il de rancune quand les tribunaux condamnent un criminel; or, le criminel qui a volé et tué son prochain est-il plus coupable que le gouvernement et ses complices qui ont dilapidé la fortune publique, livré le pays à l'invasion, perdu deux de nos plus belles provinces et fait tomber des milliers de nos enfants sur les champs de bataille?

Pas de rancune ! Et eux, qu'ont-ils donc fait aux jours néfastes qui suivirent l'attentat du 2 décembre? Leur maître, Napoléon III, celui qui avait dit en 1848 : « Citoyens représentants, nous avons une grande mission à remplir, c'est de fonder la République dans l'intérêt de tous; » celui qui, en pleine assemblée prêtait le serment suivant : « En présence de Dieu et devant le Peuple Français, je jure de rester fidèle à la République démocratique, une et indivisible, et de remplir tous les devoirs que m'impose la Constitution, » Napoléon III, ce tyran botté, comme l'appelait en chaire avec tant de raison un de nos plus illustres prédicateurs, avide de pouvoir sans contrôle, criblé de dettes lui et son entourage, faisait, le 2 décembre, massacrer dans les rues de Paris, sur nos promenades, une population inoffensive ; inoffensive, car Paris terrifié ne fournit pas cinq cents combattants pour résister à cet odieux attentat. A la suite de ce massacre, soixante-douze représentants du peuple étaient exilés, trente départements mis en état de siége et quelques-uns tellement décimés par les proscriptions que les bras manquèrent pour la récolte. Voilà ce que fit à son début le gouvernement du 2 décembre, le gouvernement de Napoléon III, qui, lui, savait user et abuser de la *rancune*.

Et pendant vingt ans il resta maître indiscutable et indiscuté du pays : on put approuver ses actes, les vanter, il payait même des gens pour cette besogne, mais les contrôler et les discuter était chose défendue : le journal, le livre, qui se le permettaient étaient poursuivis ; leur auteur était condamné, emprisonné : *la loi de sûreté générale* en faisait bonne justice ; Cayenne et Lambessa, deux pays au climat mortel où ils étaient conduits en avaient raison ; on les avait envoyés à la *guillotine sèche*, comme on disait alors.

En revanche, ceux qui approuvaient les menées de ce régime en étaient largement récompensés par le maître ; ils étaient gavés de places, de décorations, de pensions, de fêtes de tous genres. Vous comprenez que Napoléon III, touchant 60 millions par an, chiffre avoué, c'est-à-dire 164,000 francs par jour, il fallait bien employer cet argent à quelque chose ; et quel meilleur emploi en faire que de s'amuser soi et les siens? un de ses heureux familiers, un des plus importants, le jour de la chûte de l'Empire, dit ceci : « nous voilà à terre, mais c'est égal nous nous serons bien *amusés.* »

Celui-là a fait en quelques mots l'histoire vraie de ce règne, dont *s'amuser* a été la seule préoccupation.

Mais l'appétit est resté à tous ceux qui ont vécu de ce régime qu'ils veulent ramener, et pour y arriver tous les moyens leur paraissent bons. Mensonges, calomnies, crimes au besoin, tout sert à ces *truands en habit noir*. Heureusement la lumière s'est faite en partie ; la *grande conspiration bonapartiste* est découverte, et avant peu les auteurs en seront punis comme ils le méritent.

disons-nous : quels sont-ils? Celui qui leur sert le plus c'est que *sous lui les affaires marchaient*. En effet, sous lui tout a augmenté de prix et les producteurs ont vendu leurs denrées plus cher qu'aux époques précédentes. Mais ceux qui raisonnent un peu peuvent-ils en attribuer un instant le mérite à celui qui fut Napoléon III? Ne sont-ce pas les voies de communication multipliées et agrandies, et partant le nombre des consommateurs augmenté, qui en sont la véritable cause ?

Prenons-en un exemple entre cent; le poisson de mer qui avant l'établissement des voies rapides, ne pouvait se consommer que dans les pays voisins de la mer, a vu les consommateurs devenir dix fois, cent fois, plus nombreux, au fur et à mesure de la construction des chemins de fer ; des villes comme Lyon, comme Reims, comme Bourg et tant d'autres auxquelles les huîtres, par exemple, étaient inconnues, les ont vu arriver sur leurs marchés et les huîtres ont naturellement augmenté de prix dès que les consommateurs ont été plus nombreux. Il y a deux cents ans, un pigeon coûtait un sol, un lapin cinq sols, une perdrix quatre sols. Est-ce la faute de Louis XIV, de Napoléon I, de Napoléon III, si ces prix sont devenus quinze et vingt fois plus élevés ? est-ce que sous la République on a moins d'appétit que sous l'Empire ? la terre est-elle moins productive ? les bras du travailleur sont-ils moins vigoureux ?

Si cela était, pourquoi alors nos éleveurs du Calvados vendent-ils maintenant, en 1875, le bœuf vingt sous, le mouton vingt-deux sous, le veau vingt-quatre sous, tandis que du temps de l'Empire les cours les plus élevés n'ont pas dépassé dix-huit sous ? 1869 fut l'année la plus brillante de l'Empire, et, pendant les six premiers mois de 1872, en pleine République, l'exportation de nos marchandises dépassa de 187 millions celles de la même période de 1869.

Ah ! certes, sous l'Empire, ce qu'on appelle les opérations financières furent florissantes.

Les économies des petits rentiers, des ouvriers, s'engouffrèrent dans leurs caisses, et quand est venue l'heure d'examiner les comptes de ces gros spéculateurs de l'époque impériale, c'est la police correctionnelle qui s'est chargée de ce soin. On a embelli Paris, cela est vrai aussi : on a percé des rues à perte de vue ; on a construit des casernes, des palais de tous côtés. Mais avec quel argent ? En empruntant, empruntant toujours, et la France, grâce à cette *prospérité*, se trouve avoir maintenant vingt milliards de dettes, et c'est pourquoi l'agriculture et la propriété foncière payent 712 millions de plus qu'en 1851. Trouve-t-on encore que, *sous lui, les affaires marchaient ?*

Un autre de leurs mensonges, c'est de prétendre que la *France a voulu la guerre de* 1870. Napoléon a dit cette infamie au roi de Prusse, en lui remettant ce qu'il appelait son épée ; et les bonapartistes ne cessent de le répéter ; cependant, on consulta la France par l'intermédiaire des préfets, et, sur 86, 71 répondirent : « Le pays veut la paix. » Est-il vrai alors que *la France a voulu la guerre de 1870 ?*

Ils disent aussi *qu'on était prêt*; et on commença la campagne contre 800,000 hommes avec 243,000, qui manquèrent de vivres, de munitions, de vêtements, de tout. Le général de Palikao trouva 33 paires de souliers, là où on en annonçait 500,000. On avait 2,000 canons quand on avait parlé de 10,000, et tout était ainsi : cependant le ministre de la guerre, le maréchal Lebœuf, avait dit : « Quand même la guerre durerait deux ans, on ne manquerait pas d'un bouton de guêtre. »

L'Empereur fut trahi, voilà ce qu'ils disent encore. Trahi ! peuvent-ils nier la lettre que leur maître écrivait le 29 octobre 1870, au général anglais Burgoyne, et dans laquelle il disait : « Vous avez compris que nos désastres viennent de cette cause, que les Prussiens ont été prêts plutôt que nous. (Donc on n'était pas prêt).

» L'offensive ne m'était plus permise, je me suis résolu à la défensive ; mais, *empêché par des considérations politiques*, la marche en arrière étant devenue impossible, j'ai voulu conduire la dernière armée qui me restait à Paris. »

Où est donc la trahison dans tout ceci, si ce n'est dans le fait de Napoléon qui, songeait bien plus *à des considérations politiques*, c'est-à-dire à ses intérêts dynastiques, qu'à l'intérêt du pays entraîné par lui dans d'immenses désastres ? Trahi ! est-ce par Bazaine, qui s'était préoccupé des moyens de rétablir l'empire et non de sauver Metz et la France ! N'est-ce pas pour ce crime plus grand qu'aucun de ceux que jamais enregistra l'histoire, qu'il fut condamné à la peine de mort? Trahi! est-ce par le brave de Wimpffen qui, du champ de bataille de Sedan, écrivait à son souverain, caché à la sous-préfecture : « Sire, mettez-vous à notre tête, nous passerons ou nous mourrons. »

Celui-ci refusa. Il ne voulait pas « être pris, » a-t-il dit ; il préférait se rendre, ce qu'il fit deux heures plus tard. Il ne voulait pas non plus « faire tuer des hommes inutilement. »
Mais les champs de bataille ne sont-ils pas le théâtre des grands sacrifices ? Ce qu'il faut, c'est ne pas faire la guerre, mais une fois qu'elle est déclarée, il ne faut plus s'arrêter devant les sacrifices qu'elle impose. Qui dit que les 80,000 hommes cernés à Sedan, en se ruant sur l'ennemi, n'auraient pas fait une trouée ? vingt mille d'entre eux seraient peut-être tombés sous le feu des Prussiens, mais de cette armée le quart environ est mort dans les prisons allemandes et au moins à Sedan, leur mort eut coûté cher à l'ennemi. Et d'où lui venait cette pitié subite à ce souverain, qui, quelques années avant, avait envoyé 50,000 hommes périr sous le climat dévorant du Mexique ?

D'où elle lui venait?

Les balles peuvent atteindre quelquefois un souverain aussi bien qu'un soldat, et Napoléon III ne voulait pas de la mort du soldat!

Les bonapartistes vous disent en parlant du règne de cet homme : ce fut la gloire et la prospérité. Peuvent-ils le prouver? Les faits ne prouvent-ils pas au contraire qu'il fut la ruine et la honte? Ne nous a-t-il pas coûté, en effet, deux provinces, dix milliards et des désastres comme aucune nation n'en n'a jamais subis?

Et ils conspirent pour ramener le fils de celui qui fut presque la mort de la France, et rétablir le régime dont, pendant vingt ans, ils ont profité sans mesure, sans scrupules, sans honte.

Pour y parvenir, ils accepteraient le concours des Allemands; le procès de l'ambassadeur prussien d'Arnim l'a suffisamment prouvé.

Ils conspirent! qui l'a dit et démontré? Une enquête et comme principal témoin *le Préfet de police de la Seine.*

Le 9 juin 1874,

M. Rouher déclarait sur l'honneur

à la tribune, qu'il n'existait aucun comité de l'appel au peuple ; et le 23 décembre, il disait : « nous n'avons jamais connu de comité central de l'appel au peuple rayonnant sur toute la France. »

Il jurait cela, sur l'honneur, M. Rouher; et il est prouvé maintenant, prouvé par les preuves les plus évidentes, que ce comité existe ; que c'est le même M. Rouher qui le dirige ; que ce comité rayonne sur toute la France ; qu'il a dans tous les départements des correspondants, lesquels sont aidés, suivant les localités et les circonstances, par des sous-comités, et ont pour mission principale d'entretenir dans le pays une sorte d'agitation permanente, afin de ne pas laisser les esprits se détacher de la pensée d'une restauration impériale prochaine. Ce comité central a son budget. Il subventionne des journaux. Il distribue mensuellement des milliers de brochures, de photographies bonapartistes. Il prépare des manifestations et paie les manifestants.

Toutes les notabilités bonapartistes en font partie : ce sont MM. Mansard, Besson, Cottin, ancien chef de cabinet de M. Rouher, M. Léon Chevreau, ancien préfet de l'Oise, M. Boinvilliers, dans le Loir-et-Cher, M. Pinard, M. Grandperret, M. Haentjens, M. de Cambacérès, M. de Padoue, les généraux Fleury et Palikao, M. Janvier de la Motte fils, dans le Maine-et-Loire, M. le colonel Piétri, M. le commandant Galloni d'Istria, etc., etc., etc., et ainsi de suite, jusqu'aux gardes champêtres, jusqu'à des agents de la police (le préfet a dû en destituer plusieurs pour ce fait), jusqu'aux « *demoiselles* servant dans les brasseries et dans les cafés d'un ordre peu élevé, » jusqu'à des faussaires.

Le 7 mars 1875, un faussaire du nom de Delhoste comparaissait devant la cour d'Aix pour s'être livré à la fabrication des billets de Banque de 20 francs. Dans l'interrogatoire, l'accusé déclara qu'un jour un négociant marseillais, très-connu pour son dévouement à la dynastie napoléonienne, fit appeler un relieur et le chargea de composer un album contenant une adresse d'un certain nombre de commerçants à la veuve de Napoléon III.

Comme les signatures n'étaient pas fort nombreuses, on fit venir Delhoste et on lui proposa, moyennant finances, de garnir de signatures toutes les pages blanches de l'album. Celui-ci ne se fit pas prier. Il chercha dans le *Guide du Commerce* l'adresse de négociants, qu'il mit dans l'album avec des signatures de fantaisie.

Cet album ainsi composé fut envoyé à l'ex-impératrice, et il figure à Chislehurst, sur la table du principal salon, avec une foule d'autres qui n'ont peut-être pas une origine plus authentique.

Le public qui se pressait dans la salle des assises put entendre Delhoste raconter lui-même cet exploit.

Et d'après l'enquête, c'est bien M. Rouher, *malgré sa parole d'honneur*, qui conduit tout ce monde-là.

Tous les agents aux ordres de ce comité ne reconnaissent qu'un seul chef, auquel ils demandent des instructions, auquel ils s'adressent pour les gratifications : M. Rouher.

« Les membres du comité de l'appel au peuple, réunis rue Jean-Jacques-Rousseau, 51, sous la présidence de M. Moureau, saluent en vous l'homme de grand talent et de noble caractère qui sera leur c   specté, leur chef unique, tant que v   s n'aurez pas déposé le mandat dont vous   revêtu d cruelles circonstances. » — Fragment d'une lettre adressée à M. Rouher, le 1er janvier 1874, et dont le brouillon a été trouvé chez M. Jules Amigues.

M. Jules Amigues ! celui-là s'est chargé de la classe ouvrière. C'est qu'ils l'aiment beaucoup, la classe ouvrière, les bonapartistes ! Ecoutez plutôt, M. Mouton, un agent actif du comité de l'appel au peuple, et un des premiers sujets de la police, sous l'Empire : il fut chargé en 1870 de faire un rapport sur les classes ouvrières un rapport destiné aux procureurs impériaux.

Or, dans ce rapport il disait ceci des ouvriers : « Ils ne cherchent nullement à améliorer leur sort par le travail et l'économie : ils ne rêvent que l'expropriation à leur profit des ateliers, des machines, des patrons riches qu'ils détestent. Je les ai toujours trouvés envieux, haineux de toute supériorité et de toute autorité. »

Voilà ce qui sous l'Empire était destiné à édifier la justice sur le compte des classes ouvrières dont M. Jules Amigues a maintenant la mission d'exploiter le dévouement bonapartiste, et sur lesquelles il faisait des articles pompeux dans l'*Espérance nationale* sous cette devise : « Qu'est le peuple ? Rien ; que doit-il être ? Tout. »

Mais le bonapartisme n'hésite pas à prendre tous les masques. Il change de figure et de langage suivant les gens auxquels il s'adresse. Pour les « conservateurs, » il dit je suis : « l'autorité et ll'ordre. » Quand il croit qu'il lui est utile de parler autrement, il le fait. Un rapport du préfet de l'Oise constate que des agents chislehurstiens distribuaient aux populations ouvrières des chansons dont voici le refrain dans toute son incorrection :

« Vive Napoléon IV,

» A bas les curés,

» A bas les seigneurs,

» A bas les riches ! »

Conservateurs ici, ailleurs ils crient : A bas les curés et les riches !

Pendant que les journaux du parti présentent l'empire comme le seul gouvernement capable de mettre la démocratie à la raison, des agents le présentent comme la démocratie même et vont dans les prisons promettre l'amnistie aux condamnés de la Commune. Un de ces agents proposait d'« enlever aux chefs radicaux leur clientèle », en formant « un comité de communards plus ou moins bon teint », et en fondant un journal à un sou, qu'on tirerait à cinq cent mille exemplaires et qu'il appelait « un journal *populacier*. »

Ils ne respectent pas plus le chef du gouvernement, le maréchal de Mac-Mahon, que les ouvriers ; de lui ils font un traître disposé à livrer la République au fils de Napoléon III. Le colonel Piétri écrivait : « Quelles que soient à cet égard les vues du président de la République, il convient d'exploiter cette croyance en l'affirmant. »

Et pour l'armée, quels efforts de tous genres, quelles criminelles tentatives d'embauchage ! « L'armée, dit la déposition du préfet, est sans contredit le principal objectif du parti impérialiste. Il ne néglige rien pour entretenir ou réveiller dans ses rangs les sympathies en faveur du régime impérial ; il croit habile de compromettre, sinon par le langage qu'on les amène à tenir, au moins par le langage qu'on leur tient, certains officiers ou certains soldats ; il regarde comme une victoire la présence de quelques militaires à des réunions, dont le caractère de manifestation politique se dissimule mal sous l'apparence de cérémonie pieuse. » Le préfet de police se hâte d'ajouter « que cette propagande n'a donné que des résultats à peu près insignifiants, et qu'il y a dans notre armée un sentiment de l'honneur et du devoir militaire contre lesquels, elle a été impuissante à prévaloir. »

M. le préfet de police témoigne que le même embauchage a été essayé sur la gendarmerie et sur la garde républicaine. Un ancien capitaine de gendarmerie, notamment, « s'est mis à la recherche des hommes placés autrefois sous ses ordres, soit comme maréchaux des logis, soit comme brigadiers, soit comme simples gendarmes. Il s'est présenté à ces braves gens avec cette sorte de prestige qui s'attache à l'ancien commandement », et a réussi à en gagner quelques-uns.

Et encore nous sommes loin d'avoir toutes les pièces qui accusent ces conspirateurs; le préfet de police a dit dans sa déposition :
« Les recherches de la justice, déterminées par des faits spéciaux, n'ont point pénétré dans les archives réelles du parti; et, s'il faut en juger par l'émoi qu'elles ont causé dans le monde bonapartiste et à Chislehurst, il faut qu'il existe, en dehors des manœuvres que je vous ai décrites, des faits d'une gravité redoutable. » Et M. Léon Renault raconte qu' « à peine la nouvelle des perquisitions faites à la fin de juin 1874, fut-elle arrivée en Angleterre, qu'un avis envoyé de Chislehurst, avec les

plus grandes précautions, aux principaux agents bonapartistes en France, les invita à prendre d'urgence leurs mesures et à mettre en sûreté leur correspondance ayant trait aux intérêts du parti. » M. le préfet de police « affirme l'existence de cet avis, dont il a eu connaissance, et dont les termes lui ont prouvé qu'il y avait, au mois de juin 1874, des pièces que le parti bonapartiste avait un puissant intérêt à soustraire à l'examen de la justice et de l'administration. »

Ces pièces soustraites, détruites peut-être, quelle lumière elles auraient jetée, il n'y a pas à en douter, sur les rapports des bonapartistes avec le mouvement de

LA COMMUNE

Ces rapports sont déjà du reste suffisamment prouvés par celles qui sont restées entre les mains de la justice.

On sait que de nombreux numéros de

l'Ordre, le journal de M. Rouher, furent distribués dans le fort de Quélern, lieu de détention des condamnés de la commune. Des lettres y furent introduites, dans lesquelles on engageait les prisonniers à reconnaître qu'ils s'étaient trompés en cherchant dans la Commune la réalisation de leurs espérances, que l'empire seul pouvait satisfaire. On leur promettait l'amnistie et, d'abord, des adoucissements de peine s'ils voulaient accepter le principe de l'Appel au peuple et s'en faire les apôtres.

Ainsi, en même temps que des journaux bonapartistes s'élevaient avec violence contre toute pensée de clémence et de miséricorde, les agents du parti montraient aux détenus de Quélern, la proclamation de l'amnistie comme liée au retour de l'Empire.

La lettre suivante n'est-elle pas suffisamment significative? Elle est d'un individu signant Paul, adressée à un agent bonapartiste, nommé Rouffie, et transmise à Amigues :

» Fort de Quélern, 1er octobre 1873.

» Cher Monsieur,

» Selon votre désir, je vous adresse ci-inclus les sept adhésions dont je vous ai parlé dans ma dernière, et je vous en annonce autant pour la semaine prochaine, car chacun des signataires en amènera au moins un autre..... Si je n'étais tourmenté par l'idée que ma mère est sans doute dans une grande gêne par suite de son séjour prolongé à Paris, je prendrais mon mal en patience, songeant que je puis être utile à la cause et à mes compagnons d'infortune en leur ouvrant les yeux sur leurs véritables intérêts. L... reçoit régulièrement *l'Ordre,* je vous en remercie. Si vous pouviez m'adresser directement *l'Avenir national,* l'organe de la nouvelle fusion, je vous en serais reconnaissant, et en tirerais un bon parti.

» ... Ce qu'il faudrait, ce serait reprendre encore en dessous la matière électorale, puisqu'on compte uniquement sur le plébiscite, et avoir pour soi les divers comités qui considèrent Gambetta comme un aristo, un bourgeois, un avocat enfin. Il y en a dans tous les centres industriels, et je pourrai peut-être y avoir des relations. Pour enlever aux chefs radicaux leur clientèle, un journal populacier (à un sou, le Journal des petits) tiré à 500,000 exemplaires, et un comité formé de communards plus ou moins bon teint, seraient plus efficaces que l'alliance en question, et surtout plus solide. Cela donnerait, avec ce qui existe dans le parti, le moyen de recueillir des votes à tous les étages de la société parmi les cléricaux et les conservateurs représentés par l'empire et M. Rouher, parmi les bourgeois et les paysans, et enfin, parmi les ouvriers socialistes et les affiliés de l'Internationale, qui ne sont pas à dédaigner. Je serais très-heureux de recevoir une lettre de M. Jules, pour lequel j'ai la plus haute estime, admirant son zèle infatigable.

» Recevez, cher monsieur, avec tous mes remerciements, l'assurance de mon entier dévouement.

» PAUL. »

Dans les documents trouvés chez les agents bonapartistes, dont on a nommé les principaux, il y a d'autres pièces qui jettent un jour étrange sur la composition de l'armée et du personnel administratif de la Commune.

Que penser, par exemple, de cette lettre d'un nommé Michel Robin de la Manche, arrêté pour avoir accepté les fonctions de commissaire de police sous la Commune? Elle a été saisie chez M. Bauny, le gérant de *l'Ordre*, auquel elle était adressée :

» Paris, ce 30 août 1872.

» Monsieur Bauny,

» En 1869, au moment des élections, j'allais, avec P..... et autres, appuyer la candidature de M. Frédéric Terme, dans les 17ᵉ et 18ᵉ arrondissements, et j'ai eu quelquefois l'avantage de vous rencontrer dans nos réunions. Je crois même me rappeler que vous avez été témoin de l'incident survenu entre moi et le trop fameux Milliére, socialiste, dans une réunion de l'avenue de Clichy, à Batignolles, et, si ma mémoire est bien fidèle, nous en avons causé avec M. C., marchand de vins, rue.....

» Permettez-moi de vous dire qu'à ce moment j'étais non-seulement l'électeur avoué de l'empire, mais encore celui de M. Terme, que j'avais connu avec M. Clément Duvernois au journal l'*Epoque*, puis au journal le *Peuple*, alors que j'étais principal clerc dans une étude du boulevard des Italiens, et qu'en cette qualité j'avais été heureux de leur être agréable.

» Jusqu'alors ce langage doit vous paraître étrange, mais tout à l'heure vous l'aurez compris.

» Lorsqu'à la suite des terribles événements de 1870, se produisit le mouvement du 18 mars 1871, je crus réellement que cette révolution empêcherait l'assemblée de Versailles de nommer un roi et que l'empereur attendait la rentrée des troupes prisonnières pour reprendre le pouvoir. C'est dans cette espérance que j'acceptai au début, et sur les instances de plusieurs personnes, les fonctions de commissaire de police dans le quartier Saint-Vincent-de-Paul.

» Arrivant la chute de la Commune dont M. Thiers triomphait, j'étais répréhensible -

aux lois, et, au lieu de me constituer prisonnier pour justifier ma conduite pendant l'insurrection j'eus la mauvaise inspiration de me soustraire à la justice en exerçant ma profession sous le pseudonyme de Delalande. Ce nom doit vous remettre en mémoire les quelques visites qui vous ont été faites par deux officiers que je vous ai adressés après m'être bien assuré d'eux.

» Je regretterais sincérement que vous considériez ce fait comme une indiscrétion, car j'ai été en cette occasion, comme je le serai encore, guidé par un sentiment que j'appellerai patriotique.

» Reprenant mon sujet, je viens vous apprendre que, sur la dénonciation d'un individu, j'ai été arrêté, il y a six semaines, et, depuis, je suis au dépôt (n° 116), On vous parlera de moi chez C.., Mais, enfin, je pars demain matin pour Versailles. Je ne sais quelle peine le conseil de guerre m'infligera, en présence surtout des certificats que j'ai obtenus des habitants de ce quartier, notamment des prêtres de Saint-Vincent-de-Paul que j'ai mis en liberté et fait sortir de Paris, alors qu'ils étaient arrêtés par un autre agent de la Commune, — des sœurs de charité que j'ai également protégées, de M. Th..., fondeur, qui possédait canons et mitrailleuses dont j'ai empêché la livraison à la Commune, des chefs et sous-chefs de la gare de l'Est.

» Dans tous les cas, quoi qu'il arrive, permettez-moi la liberté que je prends en ce moment de vous prier de vouloir bien vous souvenir de moi, car avant peu, entendez-vous bien, M. Bauny, avant peu, c'est-à-dire plus tôt que vous ne pensez tous, vous serez puissants et vous devrez cette juste considération non-seulement à une opinion invariable, mais encore à l'ardeur et au zèle infatigable avec lesquels vous travaillez, vous l'éminent directeur politique de *l'Ordre*, et tous vos collaborateurs, au rétablissement de la dynastie napoléonienne, seul gouvernement que veut et voudra la France, au grand désespoir de M. Thiers et des septembrisards (pour comprendre tous les opposants). Et c'est alors qu'arrivant la restauration impériale, si malheureusement je suis sous les verrous, je viendrais à nouveau vous prier de vous rappeler, de celui qui, comme vous, fut et sera toujours dévoué au gouvernement de l'empereur.

» En attendant, je vous prie d'agréer, etc.

Signé : Michel Robin de la Manche. »

Au milieu des innombrables notes trouvées chez Mansard et se rapportant à la distribution des photographies dn prince impérial et aux agents qui étaient chargés, après examen du comité, de leur remise gratuite, on trouve des indications comme celle-ci :

« M. Mascaux, ancien sous-officier des

cent-gardes, chef de sectiou des mineurs d'Anzin, de l'Internationale. — Adresser des photographies à M. H..., commerçant en vins, pour remettre à M. Mascaux... »

On a fait rechercher ce M. Mascaux. Il n'était plus à Anzin. Il avait été arrêté et condamné à la déportation dans une enceinte fortifiée pour sa participation à la Commune.

Interrogé par le juge sur les motifs qui l'avaient décidé à se mêler à l'insurrection et à accepter le commandement du fort d'Issy, il a répondu qu'il aurait rendu ce fort si on le lui avait demandé au nom de l'empereur. Ce fait de Mascaux ne paraît-il pas singulièrement grave ? Sa qualité de membre de l'Internationale était connue, puisqu'elle est visée dans la note qui lui a fait attribuer gratuitement des photographies. Non-seulement elle ne parut pas de nature à faire repousser sa demande de portraits, elle détermina la remise qui lui en fut faite.

N'est-il pas permis de conclure de preuves comme celles-ci que, parmi les gens qui ont pris part à l'insurrection, il en est qui ont agi avec l'arrière-pensée que ce mouvement pourrait, à un moment donné, être utilisé, exploité, en vue d'une restauration de l'Empire ?

Et les pièces, dans lesquelles il a été possible de chercher des indices, ont été réduites de nombre. Qu'on se rappelle l'ordre venu de Chislchurst en juin 1874, et recommandant aux agents bonapartistes de soustraire les plus compromettantes. Sans cette *précaution* habile que de preuves on aurait trouvées de l'origine de bien des faits sinistres !

Si on avait ces pièces, peut-être pourrait-on expliquer maintenant comment Jecker a été tué parmi les otages de la Commune ? Jecker, ce banquier, cause première de la guerre du Mexique, guerre sur laquelle il avait bien des secrets à révéler ; il allait le faire, disait-on ; à qui son silence était-il nécessaire ?

Peut-être pourrait-on expliquer aussi l'itinéraire *intelligent* des incendies de nos monuments dans les journées de mai 1871 ? ne dirait-on pas que ces incendies naissent et s'étendent sous le souffle bonapartiste : Ministère des finances, Cour des Comptes, Tuileries, Hôtel-de-Ville, Préfecture de police, etc., etc., ne renfermaient-ils pas de nombreux documents relatifs à l'histoire de l'Empire et qu'il était bon d'anéantir à jamais ?

Le colonel Parent, dont plusieurs ordres d'incendie portent la signature, n'était-il pas connu comme un bonapartiste acharné? Qu'on se rappelle le rôle terrible que jouèrent les bonapartistes dans les journées de juin 1848 ; qu'on relise le procès des assassins du général de Bréa, et on y trouvera la preuve que les principaux auteurs de ce criminel attentat étaient des agents bonapartistes. Sans remonter si haut, rappelons-nous la lettre d'un adjoint de Paris, lettre datée du 28 mai 1871, et insérée dans les journaux ; ne disait-elle pas ceci : « Lorsque nous étions en guerre avec le comité central nous fîmes cinq ou six cents arrestations ; dans le nombre se trouvaient *plusieurs agents de la préfecture de police impériale, brigade de sûreté Lagrange, les fidèles de Piétri.* » Ne sait-on pas que parmi eux figurait un nommé Orsi, qui avait aidé à l'évasion de Napoléon III, alors prisonnier à Ham, et qui depuis lors touchait une forte pension ?

Que le lecteur tire de ces documents, quelqu'incomplets qu'ils soient, un enseignement s'indiquant de lui-même. Il y verra ce dont a été toujours capable ce parti, cette bande, devrions-nous dire, et il comprendra par ce qu'ont fait les bonapartistes, ce qu'ils sont disposés à faire encore.

Mais à présent qu'il y a un gouvernement définitif, le bonapartisme peut dire adieu à ses espérances. Il ne faut pas croire, d'ailleurs, que, même avant la République votée, il eût la force dont il se vantait. M. le préfet de police disait dans sa déposition : « Si les efforts ont été considérables, si on les a multipliés sous toutes les formes, les résultats sont restés très-disproportionnés avec l'activité déployée. » Que sera-ce maintenant que cette activité-là ne va plus être possible et que le comité ne va plus « rayonner ? »

Pas de proscription, soit; bien que des gens, auxquels il faut une nation pour victime et pour proie un pays, mériteraient d'être broyés sous le poids de la vérité et de la justice ; mais plus de ces fonctionnaires ne servant la République que pour la trahir. Un bon coup de balai va en finir avec cette toile d'araignée où le bonapartisme croyait prendre cette mouche, la France. Ah ! il l'a prise en Décembre, et nous savons ce qu'il lui a sucé de sang, d'argent, de liberté, de fierté, d'honneur, de tout. Mais c'est trop d'une fois, et nous ne lui laisserons pas tuer ce qu'il reste de la patrie.

Pendant l'invasion, les bonapartistes publiaient à l'étranger le journal *le Drapeau*, destiné à préparer la restauration impériale. Or, le gouvernement recevait à cet égard des dépêches dans le genre de celle-ci :

Préfet de l'Aisne à Intérieur. — Bordeaux.

Le département de l'Aisne, qui à l'heure qu'il est peut être considéré comme entièrement envahi, est infesté par les numéros du journal le *Drapeau*, qui sont adressés gratuitement par l'*intermédiatre de l'autorité prussienne* aux maires et aux curés. F. ACHARD

La commission d'enquête le 4 septembre dit à ce sujet :

Nous retrouvons presque partout ce journal, le *Drapeau*, et d'autres de la même opinion, répandus gratuitement dans les départements envahis ; ils étaient *distribués de l'aveu des Prussiens*.

Ceci ne prouve-t-il pas, comme nous l'indiquions dans les pages précédentes, que le parti de Bazaine jouissait auprès des Prussiens de *facilités* significatives.

—

M. Detroyat écrivait le 26 décembre 1870 à M. Gambetta :

« Je veux faire des exemples. Donnez-moi
» des pouvoirs. Le pays est travaillé par les
» réactionnaires...
» » Si vous ne m'armez pas de pouvoirs suf-
» fisants pour réprimer ces désordres, et *faire*
» *immédiatement des exécutions capitales,* je
» ne réponds pas de ces hommes infectés de
» *bonapartisme*, et qui sont animés des sen-
» timents les plus hostiles contre la Républi-
» que. »

Et maintenant M. Detroyat est rédacteur en chef de la *Liberté*, journal ultra-bonapartiste. Avions-nous tort de dire que le bonapartisme sait prendre tous les masques ?

LES DÉPENSES DE NAPOLÉON III

ont été de plus d'un milliard, pendant les dix-huit ans de son règne, puisqu'elles ont été, pendant tout le temps qu'il *a fait le bonheur de la France*, de 60 millions par an environ, soit 164,000 francs par jour 6,800 francs par heure, 145 francs par minute. Il dépensait plus d'un million en chauffage, deux millions neuf cent mille francs pour sa nourritures plus de deux millions pour ses chevaux, un million sept cent mille francs pour ses domestiques. Or, avec *soixante millions*, on pourrait acheter cent vingt mille bœufs de charretier, deux cent mille bœufs de charrue, deux cent quarante mille vaches laitières, cent cinquante mille chevaux de montagne au-dessous de deux ans, deux millions de moutons, vingt-quatre millions d'oies, quarante-huit millions de poulets. Avec ces *soixante millions*, on pourrait bâtir quatre mille écoles, à 15,000 francs; huit mille maisons de paysan à 7,500 francs; douze mille lavoir, publics; enfin, avec soixante millions on payerait cent mille instituteurs à 600 francs par an, ce qui n'est pas suffisant, mais cinquante mille à 1,200 francs, Un ouvrier bien payé gagne 4 francs par jour, un paysan aisé 3 fr. Donc, une journée de celui qui nous a valu cinq milliards d'indemnités à payer représentait 41,000 journées d'ouvriers et 54,600 journées de paysans. La République a supprimé un fonctionnaire ayant les dents assez longues pour nous coûter en nourriture 5,400 francs par jour. Soyons-lui reconnaissants de ce bienfait et plaignons ceux qui regrettent un pareil régime.

DÉCHÉANCE

DE

NAPOLÉON III ET DE SA DYNASTIE

Confirmée

PAR L'ASSEMBLÉE NATIONALE.

A la séance du 1ᵉʳ mars 1871, un député ayant essayé de défendre le gouvernement impérial, a provoqué une vive agitation dans la salle. Un grand nombre de membres ont proposé et l'Assemblée a adopté avec acclamations, l'ordre du jour, dont la teneur suit :

« L'assemblée nationale clôt l'incident et dans les circonstances douloureuses que traverse la patrie, en fait de protestations et de réserves inattendues, *confirme la déchéance de Napoléon III et de sa dynastie*, déjà prononcée par le suffrage universel, et *le déclare responsable de la ruine, de l'invasion et du démembrement de la France.* »

Six députés seulement ont voté contre.

Paris. — Imprimerie LIBÉRAL et Co, rue Saint-Joseph, 20.